FRANCIS POULENC

Mouvements Perpétuels

For Piano

I. Assèz modéré

II. Très modéré

III. Alerte

Chester Music

(A Division of Music Sales Limited)
14/15 Berners Street, London W1T 3LJ

A Valentine Gross

MOUVEMENTS PERPETUELS

I

Francis Poulenc (1918)

Assez modéré (♩=144)

Piano

p

En général, sans nuances, beaucoup de pédale

mf en dehors

p

f

p

doucement timbré

4

II

III

Paris - Décembre 1918